अगरबत्ती

Mahindra
Rise.

MAHINDRA EXCELLENCE IN THEATRE AWARDS

PERFORM. APPLAUD. RISE.

अगरबत्ती

आशीष पाठक

प्रकाशक

वाणी प्रकाशन ग्रुप

VANI PRAKASHAN GROUP

TEAMWORK

CELEBRATING THE ARTS

Mahindra
Rise.

PERFORM. APPLAUD. RISE.

प्रकाशक

वाणी प्रकाशन ग्रुप
VANI PRAKASHAN GROUP

4695, 21-ए, दरियागंज, नयी दिल्ली 110 002

फ़ोन : +91 11 23273167 फ़ैक्स : +91 11 23275710

शाखाएँ

अशोक राजपथ, पटना 800 004, बिहार

कॉफ़ी हाउस कैम्पस, महात्मा गांधी मार्ग, इलाहाबाद 211 001, उत्तर प्रदेश

महात्मा गांधी अन्तरराष्ट्रीय हिन्दी विश्वविद्यालय, वर्धा 442 001, महाराष्ट्र

सुल्तानिया रोड, मोतिया पार्क, भोपाल 462 001, मध्य प्रदेश

www.vaniprakashan.com
marketing@vaniprakashan.in
sales@vaniprakashan.in

AGARBATTI
by Ashish Pathak

ISBN : 978-93-89915-12-9
Play

प्रथम संस्करण 2020

मूल्य : ₹ 150

सिटी प्रेस, दिल्ली-110 095 में मुद्रित

वाणी प्रकाशन का लोगो मक़बूल फ़िदा हुसेन की कूची से

TEAMWORK
CELEBRATING THE ARTS

आशीष पाठक

सुनो मल्लिका,

प्रेम इन्सान को बदलता है। मैं वो नहीं हूँ जो पिछली चिट्ठी में था। तुम भी नहीं। तुमने सच कहा था, ''पलटकर देखने के अपने लाभ हैं।'' थियेटर से पहली बार सामना होते ही प्रथम मिलन अनुभूत ज्ञान हो चला था कि यही करना है, बल्कि इसे ही जीना है। या यूँ कहें कि यहाँ से (थियेटर से) जीना सीखना है। बाक़ी सब तो जो हुआ सो हुआ। शुरुआत में नाटक की पटकथा लिखनी पड़ी, निर्देशन आदि करना पड़ा क्योंकि करना तो मुझे अभिनय था; या यूँ कहें कि : ''सब कुछ मुझे चाहिए या फिर कुछ भी नहीं'', तो कविता, पेंटिंग, संगीत, जीवन, विचार सभी का होलटाइमर होते हुए भीतर के नाटककार तक पहुँचने की यात्रा कुछ मैंने तय की और अधिक तो होता गया। मैंने कभी बचपन से नाटककार होना तय नहीं किया था। न ही कोई करता होगा। इस करने, होने और होते रहने के बीच के फ़र्क़ को पलटकर देखता हूँ तो 'पॉपकॉर्न', 'रेड फ्रॉक', 'डकैत चूहे' से 'अगरबत्ती' तक के बीच का जीवन, कला रूपों के अन्तःसम्बन्धों को समझने की प्रक्रिया, सभी कुछ आँखों के सामने घूम जाता है।

'अगरबत्ती' को घटना से नाटक में बदलने का श्रेय तुमको ही है इस बात की खुशी तो है ही। 'अगरबत्ती' महसूस करने का नाटक है—सीखने-सिखाने का नाटक है। इसे बनाने में इतने लोगों का हाथ है कि सबके नाम लिखना सम्भव नहीं। ये विनम्रता नहीं है, सच्चाई है—''कितनों पर असर है मेरा, कितनों का असर है मुझ पर।'' तो

उन सभी 'कितनों' ने ख़ुद को पहचान भी लिया होगा। उन सभी को ढेर सारा प्यार और शुक्रिया। सीखते रहना जीवन को, कला को, बना रहे। हम सबका साथ बना रहे। तुम्हें इसी तरह अगला ख़त लिखूँ। ये दुआ करता हूँ। सब बने रहें।

सबका शुभ हो,
लाभ न भी हो चलेगा।

–आशीष पाठक

स्वाति दुबे

अगरबत्ती नाटक नहीं एक ऑक्सीजन मास्क है मेरे लिए

थियेटर मेरे लिए कोई यात्रा नहीं है, एक लड़ाई है जो कि बहुत मुश्किल रही है, छतरपुर से दिल्ली और लड़कियों के लिए बिल्कुल बन्द ब्राह्मण परिवार से रंगमंच की बिल्कुल खुली दुनिया में आना। इतनी खुली जगह होने के बावजूद इतनी घुटन महसूस करती हूँ कि अपने आसपास की हर दीवार, हर खिड़की, हर सम्बन्ध तोड़ देने की कोशिश करने लगती हूँ। 'अगरबत्ती' उसी घुटन के लिए एक ऑक्सीजन मास्क रहा है।

सभी पूछते हैं अगरबत्ती को क्यों चुना? सच कहूँ, आठ महिला पात्रों का होना सबसे अन्तिम कारण है। अगरबत्ती में कही हर बात अपने गाँव में देखी है। कुएँ में मिट्टी का बर्तन किसी दलित से छू जाने पर बड़ी माँ बर्तन तोड़ देती थीं। उनके घर रोटी खा आने पर बहुत मार पड़ती थी। उनके दूल्हे को हमारे मोहल्ले से घोड़ी से उतरकर नंगे पैर गुज़रना पड़ता। ब्राह्मणों-ठाकुरों को उनके घर घुसकर उनकी औरतों को पीटते देखा है और घर के आँगन में उस केस को रफा-दफा होते देखा है। उनकी लड़की से प्रेम हो जाने पर लड़के को खेत में सुबह 4 बजे मरते और लड़की को महीनों कमरे में बन्द देखा है। बहन को छत, दरवाज़े पर भी खड़े होने की इजाज़त नहीं थी। माँ, चाची, मौसी को सटक से, लोहे की रॉड से पिटते देखा है। सब सहते हुए सबकी चुप रहने की घुटन को न सिर्फ़ देखा बल्कि अन्दर तक सहा है। कमज़ोर और ताक़तवर की आँखों को बिल्कुल सामने से देखा है, नहीं देखी तो सिर्फ़ मुँह खोलने

और असहमति तक की आज़ादी; देखी थी तो सिर्फ़ ऐसी चुप्पी जिसमें बहुत-सी चीख़ें हैं जो सन्नाटे में बहुत ज़ोर से सुनाई देती हैं। यही असहमति की आज़ादी मैंने अगरबत्ती में देखी है, कही है। दिल्ली में नाटक देखकर लोगों ने कहा, 'ये सब अब नहीं होता'। पर सचमुच 2020 में भी कुछ नहीं बदला, पर बदलाव की गन्ध को महसूस किया है, और वही गन्ध अगरबत्ती में है। मैं इतनी अच्छी नहीं, न इतनी बड़ी हूँ कि कुछ बदल सकूँ। बस ख़ुद की घुटन को कम कर सकने की कोशिश है।

घर की पहली लड़की हूँ जो घर से बाहर निकली है इसीलिए बहुत ज़िम्मेदारी महसूस करती हूँ ऐसा रास्ता बनाने की कि आगे और भी लोग निकल सकें, अगरबत्ती ने एक छोटा रास्ता दिया है।

स्वाति दुबे

निर्देशक, 'अगरबत्ती'

पात्र-परिचय और मंच सहयोगी

नेपथ्य में

समूह	: समागम रंगमण्डल, जबलपुर (मध्य प्रदेश)
नाट्यलेखन	: आशीष पाठक
सज्जा और निर्देशन	: स्वाति दुबे
प्रकाश सज्जा	: स्वाति दुबे
संगीत निर्देशक	: स्वाति दुबे
स्वर	: गोविन्द नामदेव
पार्श्वसंगीत	: बाबी बरुआ
संगीत सहयोग	: शिवम बावरिया
मंच सज्जा	: स्वाति दुबे

मंच पर

लाला राम ठकुराइन	: रुक्मिनी सरकार
दमयन्ती	: मोनिका पँवार
लज्जो	: पल्लवी जाधव
पार्बती	: पूजा गुप्ता
सुमन	: स्वाति दुबे
कौशल्या	: ज्योत्स्ना कटारिया
कल्ली	: जीना बैश्य
नन्ही बाई	: गोगे बाम
रामकली	: रचना गुप्ता

सुक्कन बाई : स्नेहलता तागड़े
हीरा : गगन श्रीवास्तव
सोहन सिंह : भूपेन्द्र सिंह जाडावत
सुरजन ठाकुर : अर्पित सिंह
रघु ठाकुर : उत्सव हांडे
शिवपाल लाला : शिवाकर सप्रे
लाला ठाकुर : हर्षित सिंह

दृश्य एक

गीत

घर घर के लम्मरदार (2)
की की के सैये दबारे...(2)
सूजी सुआ सुनार जे राखत नहीं हेत (2)
आमा नींबू बानिया दाबे से रस देत
घर घर के लम्मरदार।...
दबी अँगीठी देहक उठे जब बीहड़ राख उड़ाय (2)
ऊको सत्यानासई होवे जौन आँख चढ़ जाये।

सुमन : बस कल्ली बहुत हो गयी हँसी ठिठोली। नन्ही बाई...तू जा ठकुराइन जू को बुला ला, बाबा बाई होने है।

लज्जो : अब दस्तूर हो है, तो तोए भी कछु मिल जा है...जा।

कौंसा : चलो जब तक कुछ बर्तन भांडे और जो जो लगत है तो जोड़ लो। जे हम तो जे मथानी ले आये।

लज्जो : और जिज्जी हम लाये हैं जे।
पारबती : इतनो बड़ो!
सुमन : कौंसा-मंजूर *(हँसते हैं)*
पारबती : अरे चमीटा झारे जो मिलें ले आओ।
सुमन : ऐ कल्ली हो जा शुरू...

गीत

कोरस : **हाँडी ऊपर हंडा हम धरें चलें**
सबरे बरतिया बराते गये
लाला ठाकुर घरई डरे
हाँडी ऊपर हंडा हम धरें चलें

बाबा : पुरानो घी आये, झोल न खाये
तबई तो लाला ठाकुर कहाए
बिना नेंग के लम्मरदारी न हो पाये
जे तुमाए गाओं की कए ले जाये
सतरा जात में छुछुआत फिरत जा रई
और हमाए मूड़े मड़ी जा रई।
ठकुराइन : बाबा। नेंग भिजवाये हैं लाला ठाकुर
बाबा : अरे का भिजवाये हैं ठाकुर नेंग में,
सास के ने दबा लओ सब और, बाकी खड़े गेल में,
बेन के लबड़े गर्रात फिरत
चाहे जे की बजात फिरत
ए को मारो, ऊ को गरियाओ
हुकुम तो सब पे तुमई चलाओ
तुमई कचेहरी तुमई इते के थानेदार
बिट के ले लाला ठाकुर बने बड़े रंगदार।
ठकुराइन : तुमाई बऊ की बौए ससराजू, जे लो घुसेड़ लो।

कोरस गीत : **हाँडी ऊपर हंडा हम धरें चलें**
सबरे बरतिया बराते गये

बंसी ठाकुर घरई डरे
हाँडी ऊपर हंडा हम धरें चलें

कल्ली : काए बंसी, घर में ही बजाते रहोगे क्या!
पारबती : बाई कह दो बाबा से ज़्यादा लुच्चयाई ना करे
बाबा : सबरी लुच्चयाई तो इनके खसम में आये है
पोथी चिपकाये है और मानस को लतियाये है
इनकी पोथी से कछु नहीं हो रओ
सात जात को खात, तब कछु नई हो रओ।
पारबती : ठठरी बँधे तुमाई, जे भिजवाये है बंसी ठाकुर, ले ले।

कोरस गीत : **हाँडी ऊपर हंडा हम धरें चलें**
सबरे बरतिया बराते गये
सुरजन ठाकुर घरई डरे
हाँडी ऊपर हंडा हम धरें चलें

बाबा : काए सुमन, का भिजवाओ है तुमाओ खसम नेंग में,
सब खा गओ भड़वा, बाकी खड़े गेल में।
सुमन : बोलो मादरचोद। ये भिजवाये हैं सुरजन ठाकुर लो घुसा लो।
बाबा : ए...

कोरस गीत : **हाँडी ऊपर हंडा हम धरें चलें**
सबरे बरतिया बराते गये

बाबा : श्श्श... शिवपाल लाला घरई डरे।
काए कौसल्या कहाँ गये तुमाए खसम,
गू को उतई घाट तरें पी रओ चिलम।
कौशल्या : भग भोसड़ी के ये लो शिवपाल लाला की मथानी लो घुसेड़ लो।

सुमन : चलो चलो बाहर चलो सब अब

कोरस गीत : हंडी ऊपर हंडा...

(गोलियों की आवाज़)

खामोशी
अन्धकार

आवाज़ : 14 फ़रवरी 1981 का दिन जब उत्तर प्रदेश में राम जन्मभूमि की आग फैल रही थी उसी दिन प्रदेश के एक गाँव बेहमई जिसका नाम नक्शे में ढूँढ़ने से भी नहीं मिलता, की एक घटना ने प्रदेश सरकार को हिलाकर रख दिया। मल्लाह जाति की एक डकैत ने 24 ठाकुरों को एक कतार में खड़ा किया और गोलियों से भून दिया।

आवाज़ : नहला-धुला कर उन्हें नये वस्त्र पहनाये, फूलों से शृंगार किया, सिन्दूर से रंगीन किया, खाने को दाने बिखेरे, गरीब बच्चों के बीनने के लिए सिक्के उछाले, लकड़ी को घी, चन्दन का लेप दिया। भभक उठी आग और पापी हो गया राख, इतनी जल्दी जल गया जिसे जलना चाहिए, तिल-तिलकर, थोड़ा-थोड़ा, पल-पल, सदियों तक सुलगना चाहिए कुछ-कुछ अगरबत्ती-सा।

आवाज़ : चम्बल की रानी ने आत्मसमर्पण किया और जेल चली गयी। मारे गये ठाकुरों की विधवाओं ने अपने विरोध से सरकार की नींद उड़ाकर रख दी।

आवाज़ : प्रदेश सरकार ने लघु उद्योग निगम के मार्फत एक अगरबत्ती का कारख़ाना उन विधवाओं के लिए खोल दिया। कहानी का भूगोल सच्चा है किन्तु पात्र एवं घटनाएँ काल्पनिक हैं। भगवान कृष्ण का भजन और अगरबत्ती के कारख़ाने की पहली सुबह...

दृश्य दो

भजन

दरस की तो बेरा भई रे
बेरा भई रे पट खोलो
छबीले नन्द लाल रे
दरस की तो बेरा भई रे
मोरे किसन कन्हैया खोलो रे केबड़िया
खोलो रे केबड़िया कान्हा द्वारे
खड़े हैं तुमरे लाडले
दरस की तो बेरा भई रे...

ठकुराइन : बैठी रहो...रान दो...सुहागनन खो सुहागनन से ज धतकर्म कराबो अच्छो लगत है। भजन पूजन नहीं करो बहुरानी? दमयन्ती हो न...?

दमयन्ती : जी, हमको जानत हैं आप...

ठकुराइन : रहली के भूमि ठाकुर के घर से हो।

दमयन्ती : बे बब्बा हैं हमाए। वैद हैं।

ठकुराइन : जानत हैं। वैद हैं। बेहमई में कहावत है मरने से पहले भूमि को दिखा लइयो बड़ा अच्छा हाँथ है। ठाकुर साब भी कहते रहे- अबकी रेहली जा हैं तो तुमें सोई दिखा ला हैं, कई दौरा बारे दौड़ा दए। पर जाना ही नहीं हुआ कभी। रेहली ना हमें पुसाए बा तुमाई रेहली वहीं से बड़ी जा नीच जात, तुमाए बब्बा ने कम बढ़ाबो नई दओ खूब घुसेड़ो घर में। तुम भी जानत हो कछु दवा दारू?

दमयन्ती : शादी...गोलियाँ...

ठकुराइन : ऊ दिन हमारे ही घर कारज थो।

दमयन्ती : पुलस...

ठकुराइन : पुलस! जिन लाला ठाकुर के टुकड़न पे पलत थी, उन्ही के दुश्मनों से जा मिली बा पुलस। पुलस जानत थी की हमला हुईए थाने में बैठे रहे ससुरे उघारे जब तक बा बजरिया नई नाक गई।

दमयन्ती : पर पुलस तो बोली...

ठकुराइन : तुमारे खसम को भी उसी ने मारा। उसी दिन उसी बखत। कितनी उमर है तोरी।

दमयन्ती : जी उन्नीस...

ठकुराइन : अस्थियाँ हैं लाला ठाकुर के फूल।

दमयन्ती : विसर्जित नहीं की अभी तक...

ठकुराइन : सिर्फ़ नदी में बहा देने को विसर्जन नहीं कहते मौड़ी। हवा में बिखर जाना धमाके से नीचों के नास के लाने। सो तरपन हुईए लाला ठाकुर की आत्मा को। चार दिना नई भये ब्याहै, तू नहीं समझेगी।

ठकुराइन : एक जा है, ठाकुरन में नीच जस ने थराई हरामजादी कहाई।

नन्ही बाई : हम झाड़ू लगा रए थे।

ठकुराइन : लग गई झाड़ू, नीचों ने लगा दी, बची भई तें लगा दे।

दिन भर हरे कृष्णा हरे कृष्णा करोगी तो अगरबत्तियाँ कबे बनाहो, सारा मसाला सूखा जा रहा।

पारबती : जी प्रसाद।

ठकुराइन : हरे किसना, हरे किसना।

लज्जो : पारबती जिज्जी...

पारबती : हम्म...

लज्जो : बो नन्ही बाई को देख।

पारबती : काहे सुबह-सुबह नीचों का मुँह दिखा रही।

लज्जो : नहीं बो का हैं न, बा तक जानत हैं ठकुराइन नें नीच जात छुअत न उस दिन से भगवान।

पारबती : हम्म...

लज्जो : का हम्म तो काए चली गई तू भटकत भई, जी परसाद जी आरती।

पारबती : हम जानते ऐसी बमकेगी तो कभी न जाते।

लज्जो : आह! तो तुम का सोची परसाद उठा के बोलेगी वाह पारबती का गलो पाओ हैं तुमने, दो-चार भजन और तो सुना दो और ये प्रसाद नन्ही बाई को दे आओ हरे कृष्णा, हरे कृष्णा।

ठकुराइन : नन्ही बाई।

सुमन : जान दे ठकुराइन। करम फूटे हैं इके खसम तो ई मुरहई को भी चलो गाओ। तू तो अगले जनम की सोच कारज-धरम काहे ठुकरात है।

ठकुराइन : खूब करे कारज-धरम...लाला ठाकुर की लम्बी उमर के लाने की सुहागन जाये। लाल साड़ी में लिपटे टिकिया बूँदा माँग भरे

सुमन : अब दुस्मनी थोड़े है ठाकुरों की भगवान से।

ठकुराइन : ठाकुरों की नहीं। दुस्मनी तो भगवान की थी ठाकुरों से जो निकाल ली इ जनम में।

पारबती : हँस मत। भरी गाड़ी में सूपे का का वजन अरे जरा से

प्रसाद से का बिगड़ जातो जो इतनी बड़ी मटकी टाँगे घूमत है सो कछु नहीं।

कौसल्या : वजन तो छाती पे होत है पारबती हमारे सो उसके। ऊपर से बा को बुढ़ापो है सो अलग।

लज्जो : हाँ ऊपर से दौरा की बीमारी सो अलग।

कौसल्या : अरे दिन भर सोचत रहत है, कछु न कछु कल तो हमसे कहते-कहते रुक गयी सुन लेत है, अपनो दुःख बोलत नहीं है। फिर बोली, तुम निकल जाओ कल्ली आ सकत है।

पारबती : और तुम निकल आयीं?

कौसल्या : निकल तो आयी। पर ये सब निकलत नई है मुन्ना भी हीणने लगा है।

लज्जो : अरे ये छोटे भैया क साथ आओ करो।

कौसल्या : आता ही नहीं है। खेलबे भी नहीं जाये पुरो घर भाएँ-भाएँ करत है।

दमयन्ती : लज्जो—ए जिज्जी।

कौसल्या : हम सब समझत है। का करे मुन्ना रों लगत है, बब्बा कहाँ गये। रात को उठ-उठ के बैठ जात है, का करे। रात भर बस गात रेहेत है।

ठकुराइन : रो नई कौसल्या। एइसे नई लगत भगवान में मन।

सुमन : न सही भगवान में नाती-पोतों में लगा। हमारी कोख पर तो बाँझ का ठप्पा है नई तो हम नहीं लड़ते घूमते ऐसे कछु न कहते किसी से।

ठकुराइन : अब नहीं लगे नाती-पोतन में मन अब तो जी बस उतई है।

सुमन : हम्म, काए की तुमाए हैं न, हमसे पूछो बच्चों का मुँह तक नहीं दिखा पाये एक तो हमारे करम फिरे ऊपर से नीचों की मति।

ठकुराइन : नीचों की मति फिरी है सुमन, दिन नहीं फिरे अभी तरपन भओ नहीं है न हुईए भगवान भरोसे नहीं बैठे अपन।

पारबती : इमें भगवान का का दोष ठकुराइन।

सुमन : कसम चम्बल की जरा भी ख़बर होती तो फाड़ के रख देते। चीर के रख देते मल्लाहों को जो इतनी बन्दूक़ें न रखी होतीं हमारे खसमों के माथे पे।

ठकुराइन : और अब, न खसम रहे न बन्दूक़ें। तू जरा ख़बर की बात कर रही है, पल-पल की ख़बर रखी जा रही ग्वालियर जेल में बन्द है, हराम के बीड़ी कट्टो पर मुटा रही हैं साली। गाँव भर की जाती ताप गयी, अब जब हमारी बारी थी तो बी.डी.ओ. मिट्टी को तेल तक ले गओ घरों से। और ये कारखाना, ये कारखाना हमपे दया दिखाने नहीं खुला। नजरबन्दी लाने खोलो सरकार ने। तो कर लेने दो पुलिस-सरकार को जो कछु करने देन दो प्रोटेक्सन, टिकिट अब चुनाव लड़ेगी तो जनता के बीच तो आयेगी ही। फाड़ देना तब।

सुमन : हाँ फाड़ दूँगी। सारी गिरहस्ती तो चौपट कर ही दी है, अब बचा का है रोबे सिवा।

ठकुराइन : रो मत सुमन। ये गरमी और पानी बचा के रख, कल्ली को आन दे चम्बल को पानी ठंडो नई भओ अबै। ऐसो उबाल आ है की यात्रा रोकबे बालो बो कलेक्टर सोई देख है ई बार ठाकुरों को मारो है ठकरास नहीं मरी अबै।

लोरी : **भैया सोजा बारे बीर...**

अन्धकार

दृश्य तीन

लज्जो : चलो री बस करो। मने हो गयी। दिन भर हरे किसना-हरे किसना करोगी, तो अगरबत्ती कबे बनाहो। हो गये भजन-अजन, उठो अब सारो मसालो सूखो जा रहो। और तू नन्ही बाई उठा, रख बा झाड़ अब न लगईए। और तू पारबती रहन दे ये प्रसाद-मरसाद। जिसको चाहिए होगा उठा लेगा आकर। बड़ी आयी पुजारन हरे किसना-हरे किसना।

ठकुराइन : लज्जो! हँसी कर रही थी हमाई। लाला ठाकुर कहत रहे तुमाऐ और तुमाऐ खसम के लाने जैसे को तैसा मिला, मिली खीर में खाँड तू जात की बेड़नी और वो जात का भाँड।

पारबती : हमाई गलती थी ठकुराइन, हम जाने की...

ठकुराइन : तुम जान लो लाला ठाकुर थे, जो सब सँभाल लेत थे। जूती चाटत तो तुमओ खसम, नही तो जेल में मिलतो और हमाई ठिठोली करत हो तुम। *(हँसी)* अरे मूरहई ठिठोली तो तुम्ई कर सकत हो। अरे अब रघु ठाकुर के

साथ कोई बिना हँसे रह सकत थो भला। उसी की छाया पड़ी है तुम पे पूरी की पूरी, काए कौसल्या

कौसल्या : हाँ ठकुराइन। अरे इको आदमी तो कुएँ पर आत ही कहत थो, ठाकुर साहब मने गाँव में एक ही निसान बचा है ठाकुरों की मूँछें और एक ही निसाना। मल्लाहों की लुगाइयाँ। अरे देखो कैसी गदराई भीग रहीं सब कुआँ पे, जैसे आम पक गये और तुम कह रहे फ़सल अच्छी नहीं है।

पारबती : अरे इनकी तो मूँछें न झुकें, भले बैला बिक जाये हर्ज नहीं है।

सुमन : मूँछों की तो न पूछो जिज्जी। बहुत ख़याल रखते थे। जरा तिरछी हो जायें तो गुदल के रख देते थे सुखलाल नऊआ को।

लज्जो : काए नन्ही बाई, कछु याद है, थकरास की छाप पीठन पे कैसी नीरी-नीरी उछरत ती।

ठकुराइन : ठाकुर साहब तो केहत थे, जब तक केह रहे गऊ माता तो गऊ माता, नहीं तो बैला की लुगाई। याद रखियो।

लज्जो : हम देखते हैं...

ठकुराइन : रुको बहुत हसत-बत्यात हो तुम ऑरे। एइसे चीथड़े भेजें हैं सरकार ने कि जरा शरम करो।

कौसल्या : कैसे चीथड़े ठकुराइन?

ठकुराइन : ठाकुरों का मुँह बन्द करबे। अब मुँह बन्द करके रहने है इते समझे। चलो।

कौसल्या : चलो देखें चीथड़े पहन के कैसे हस है लज्जो।

लज्जो : हस लेंगे जिज्जि।

दमयन्ती : ये सुखलाल कक्का तो...

नन्ही बाई : घरवाला था हमारा।

दमयन्ती : रेहली वाले कक्का को जानती हो?

नन्ही बाई : साढ़ू हते इनके। हीरा-सा लड़का था उनका। जवान। कोई ठकुराइन देख लई। ओयी दिना से दिखाई न दओ। बड़े

नाम वाले थे कक्का तुमाए गाओं में। लड़का के दुख में काम छोड़ दओ। अब न कक्का बचे न नाम लेबे बालो। तुम जानत हो बहुरानी।

दमयन्ती : हाँ जानत हैं...उनका लड़का हीरा...

ठकुराइन : तू यहाँ का कर रही? तुम्हें अलग से पीले चावल भेजने पड़है का।

दमयन्ती : कछु नहीं। बो हम नन्ही बाई से रेहली के बारे...

ठकुराइन : रेहली से अब बाहर निकल आती बहुरानी, ये बेहमई है। इते नीचन को मुँह नई लगाए। नहीं तो बन्दूक़ उठात हैं। बतियाए नहीं जुतियाय लाने है जा।

दमयन्ती : रेहली में न मल्लाहों ने बन्दूक़ उठाई न नाऊअन ने ठकुराइन।

ठकुराइन : बहुत मुँह खुलन लगो है, लो ये ठूस को अपने मुँह में। उमर कम है तो छोड़े दे रहे नातर...

दमयन्ती : न छोड़ो ठकुराइन, हमें जानने है, पूछने है तुमसे...

ठकुराइन : सुमन ये देखो का पूछ रही हैं बहुरानी समझाओ इन्हें। कौसल्या तू मेरे साथ आ कछु बात करने है।

सुमन : का हुआ? हमने पुछी का हुआ?

दमयन्ती : हुआ नहीं जिज्जी। हमने तो बस पूछी।

सुमन : का?

दमयन्ती : कि इतई काए भओ वो सब। रेहली के बारे हम अच्छे से जानते हैं, पर बेहमई के बारे में...

सुमन : बेहमई के बारे में हम बता दे रहे। उल्टे पैर पड़े हैं तोरे, इते बड़ों के सामने मुँह नहीं खोला जाये। ब्याह का महावर छूटा नहीं तलवों से, मरद का साथ नहीं मिला तो दुख का जानो तुम। समझाओ इसे।

लज्जो : ले दम्मो एक तूमाए लाने। काम में लगो अब, हमारा तो दिन ही ख़राब है, तुम लोगों के चक्कर में उलझ गये। सुबह-सुबह। ऊपर से दवाई की डिबिया अलग।

दमयन्ती : लज्जो तुम तो यहीं पैदा भई न?

लज्जो : हाँ।

दमयन्ती : बेहमई को अच्छे से जानत हुईयो।

लज्जो : हाँ जानत हैं न! बस जेई नहीं जाने की कब किस्से का कहने चाहिए।

दमयन्ती : एक बात तो बताओ नीचों की पीठ नीरी होत है का?

लज्जो : कछु औरतों के पाओं जरूर उल्टे होत हैं।

दमयन्ती : फूलन को नंगा घुमाई थी का पंचायत?

लज्जो : उने बन्दूक़ उठाई थी पहले। कछु बोलो तो मुसीबत न बोलो तो मुसीबत हमाओ तो दिन ही ख़राब है।

दमयन्ती : अच्छा मरज बुरो की मरीज

लज्जो : दवा की डिबिया तो तुम हो, हमसे काहे पूछ रहीं।

दमयन्ती : पर बेहमई को तो तुम जानत हो न।

लज्जो : हाँ जानत हैं न—चंबल में नाव चलत है अमराई में आम फरत हैं मढ़ई में मेला लगत है खेत में हल चलत है।

दमयन्ती : और कुआँ पे? मल्लाहों की औरतें किसका निशाना थी लज्जो?

लज्जो : कहा न चुप रहेंगे आज हम।

दमयन्ती : का मल्लाहों की औरतों का घर से निकलना भी मुश्किल था।

लज्जो : हमें नहीं पता।

दमयन्ती : पुलिस को बोली रही सच है का?

लज्जो : केह रहे न तुमसे हमें नहीं पता।

दमयन्ती : हमसे तो केह सकत हो लज्जो। का कुछ पाप करे रहे ठाकुरों ने?

लज्जो : कही न चुप।

पार्बती : अरे नै तो करो री। परमेश्वर का नाम लो और काम पे लगो। लज्जो ये सब अन्दर रख आ, बन्द करने का बखत हो गया है। जा ही विधी राखे राम ताहि विधी रहिए, समझीं दाम्मो। इनके चाहे बगैर कछु न होए।

दमयन्ती : ऐसा है तो सच बोलबे में काहे को डर।

पार्बती : डर रहत है अपनों का।

दमयन्ती : तब तो सच तरपी देखके कहने पड़ है न जिज्जी।

पार्बती : यही तो कहे थे किसन अर्जुन से युद्ध में।

दमयन्ती : का कहे थे जिज्जी?

पार्बती : जब घरई के सामने घेरे खड़े रहे तो अर्जुन बाण कैसे मारता भला, सो रुक गये लड़त लड़त। तब किसन बोले ये जो सामने खड़े हैं, भलाई नातेदार हैं उनपे धनुष तानवे में जरा ना हिचकियों अर्जुन।

दमयन्ती : फिर।

पार्बती : फिर का। किसन कहे सत्य-असत्य देखन के लाने मोह छोड़ के देखने पड़ है। तो तब जाके अर्जुन ने अपना काम किया और अर्जुन कहाए।

दमयन्ती : पर ऐसो असल ज़िन्दगी में तो नहीं हो सके न जिज्जी। हमसे तो नौ हो पा रओ तुम अपने किसन संग खड़ी रह सकती हो?

पार्बती : अब तो हमाई ज़िन्दगी में एकही संगी हैं हमाय किसन।

दमयन्ती : और किसन तो कुआँ पे नीचों की औरतों नई लुगाइयों के साथ खड़े हुईए न। जिनकी छाती रघु ठाकुर को आम को खेत लगती थी।

पार्बती : तो वो जात है ठाकुरों की।

दमयन्ती : ठाकुरों की के मर्दों की। छोड़ो तुम न सँभाल पाहो सच को भार न हो पाहो उनकी संगी।

पार्बती : दमयन्ती!

दमयन्ती : ठाकुर निसान और नीचों कि लुगाइयाँ निसाना है न जिज्जी।

पार्बती : बो सब हँसी ठिठोली में होत तो।

दमयन्ती : की की ठिठोली? कभी तुमाय, लज्जो, जा सुमन संगे भई ठिठोली? छोड़ो तुम न सँभाल पाहो, न सुन पाहो सच।

पार्बती : कैसो सच?

दमयन्ती : चमारटोला कीने जलाओ?

पार्बती : वो अलग बात है।

दमयन्ती : कैसे? काहे कि उमें तूमाय पत...

पार्बती : पंचायत ने जलाई थी, पंचायत की मान-मर्यादा पे थूको तो नीचो ने।

दमयन्ती : मान-मर्यादा तो पंचायत ने टांगी थी कलम्बाडी में।

पार्बती : अर्थियाँ उठी हैं यहाँ एक साथ।

दमयन्ती : वहाँ बस्तियाँ जली हैं एक साथ।

पार्बती : दोई तरफ़ से बिगड़त है बात।

दमयन्ती : दोई तरफ़ से बिगड़त होती तो बस नीचन की पीठ नीरी न होती जिज्जी।

लज्जो : दम्मो तुम चलो ठकुराइन आ जे है तो बुरा हुईए।

दमयन्ती : नहीं, आज हम यहीं सो हैं। लज्जो पुनिया को बाप पंचायत न आकर थाने काहे गया?

लज्जो : जिज्जी तुम चलो।

पारबती : थी पंचायत ठाकुरों की, तो भी आता।

दमयन्ती : उसकी सुनते?

पारबती : काहे नहीं?

दमयन्ती : तुम जानत नहीं हो का?

पारबती : नहीं, काहे?

दमयन्ती : काहे कि उन ठाकुरों की पंचायत में बे ठाकुर भी थे, जो उठा लाये थे ओकी बिटिया। तुम तो मायके गयी थीं।

पारबती : को उठा लाया था? हमने पूछी, को उठा लाया था?

दमयन्ती : बंसी ठाकुर।

पारबती : फिर से बोलियो।

दमयन्ती : बंसी ठाकुर उठा लाये थे पुनिया...

लज्जो : ब सच कह रही है जिज्जी।

पारबती : तुमाए जेठ हैं वो।

दमयन्ती : पापी नातेदार हो तो भी पापी होत है। किसन ने अर्जुन से येही कही थी न। जिज्जी तो बताओ शुरुआत कौन ने की।

सुमन : मल्लाहों ने उठाई थी बन्दूक़ पहले। उस चुड़ैल ने छोड़े थे तीर पहले और अब इस महाभारत में हमारी बारी है, पापी बा रांड है और ओसे तो हमाओ कछु नातो भी नहीं है।

दमयन्ती : सच है बिल्कुल सच है पर जिज्जी कहीं पाप हमारे नातेदारों ने किये हुईए तो किसन तो ओके साथ खड़े हुईए न और वो चुड़ैल नहीं अर्जुन हुई न जिज्जी।

ठकुराइन : चुप! ज़्यादा पण्डिताई नहीं। तोरो बंसी वोई बजात तो, जैसो लाला ठाकुर कहत रहे। जे पोथी पतरा वैसे ही पढ़े जात हैं, जैसो पढ़ाबे वालो चाहे।

पारबती : बजात थे तो किसन के नाम की और रहत थे सो पंचायत के संगे।

ठकुराइन : चमरटोला में तुमाए बंसी की अच्छी बजती जो लाला ठाकुर न होते, बे खड़े रहत थे सो बचे रहत थे।

दमयन्ती : और अब को बचा है को खड़ा है?

ठकुराइन : खड़ी रह जहाँ तुझे खड़े रहना है पर यहाँ जो होगा किसी से न कहना। ख़बरदार।

दमयन्ती : और तुम कहाँ खड़ी रहोगी पारबती जिज्जी?

पारबती : वहीं जहाँ हमाए किसन खड़े हुईए। अर्जुन के साथ।

शंख ध्वनि अन्धकार

दृश्य चार

(ढोलक की आवाज़)

दमयन्ती : तैं इते काए आया, काऊ ने देख लओ तो?

हीरा : चिन्ता न कर सब ढीमरा के इते राई देखने गये, सुबह से पहले उठने वाले नईया।

दमयन्ती : अम्मा तो इते है, अभी महाभारत शुरू हो जे है।

हीरा : देख तुमाए लाने का लाये।

दमयन्ती : लड्डू।

हीरा : और ये है असली माल, ये है मण्डप की हल्दी, इको लगाने से दो दिना में शादी हो जा है तेरी।

दमयन्ती : हम न करें कछु शादी-मादी।

हीरा : उ दिन तो बड़ा केहेत रही, हम तो शादी कर हैं, उ घर जा हैं, फिर कभी न आहें, अब का हो गया, ले लगा ले।

दमयन्ती : तैं ही लगा दे।

हीरा : लो दम्मो रानी, अब हो जा है तुम्हारी शादी झट-पट।

दमयन्ती : तैंने हमे जे हल्दी काए लगाई?

हीरा : तुमई ने तो बोला।

दमयन्ती : अब हमाई शादी तुमाए साथ हईए।

हीरा : काए?

दमयन्ती : अम्मा केहेत है, जें जो मण्डप की हल्दी लगात है, उकी शादी उसी के साथ हो जात है।

हीरा : कछु भी नीच जात के हैं हम।

दमयन्ती : तभी तो अम्मा केहेत है।

हीरा : का केहेत है?

दमयन्ती : नाऊ के लड़का से दूर रइओ।

हीरा : काए दूर रइओ?

दमयन्ती : पीठ नीली होत है नीचों की।

हीरा : देख कहाँ हू मोरी पीठ नीरी?

दमयन्ती : तोरी पीठ नीरी नहीं है। गोरी है।

हीरा : तोरी भी तो गोरी है।

दमयन्ती : तुमसे जरा कम ही गोरी है।

हीरा : दिखा।

दमयन्ती : अम्मा काहे केहेत है पीठ नीरी होत है नीचों की, कल हम अम्मा से जाके कैहें, नीचाँ की पीठ नीली नै होये गोरी...का हुआ?

हीरा : तुमाई शादी हमाए साथ नहीं हो सके का?

काए बिन्ना तुमने गजब कर डालो
काए बिन्ना तुमने गजब कर डालो
गोरी गोरी बइयां पे गुदना गुदाये (2)
हाथ लये रुमाल काए बिन्ना तुमने हाथ लये रुमाल
काए बिन्ना तुमने गजब कर डालो
जैसई पान खाबो जब मो में (2)
जैसे लाल लाल लाल
काए बिन्ना तुमने जैसे लाल लाल लाल

हीरा : जे तो तुमाए बब्बा है, हमे देख ले तो मार दे है।

दमयन्ती : तू निकल जा, सब सो रहे हैं।

हीरा : बचे तो फिर मिल हैं...

दमयन्ती : हीरा...

अन्धकार

दृश्य पाँच

कौसल्या : दो टेक्टर गेहूँ पटकवा दओ है, परसों तक पईसा भी आ जे है।

ठकुराइन : माल भिजवा दिया?

कौसल्या : अबे कहाँ।

ठकुराइन : काहे रामपरबेस नहीं आओ का?

सुमन : सूअर कभी आया है टाइम से।

ठकुराइन : सुमन तुम्हें बे पईसा दिए थे?

सुमन : यहीं रखे हैं बोलो।

ठकुराइन : लखन के हाथ भिजवा दो। पईसा बण्डा उतर है, माल आगे जा है।

सुमन : कल्ली की कछु ख़बर आयी का?

ठकुराइन : आबे वाली है बा खुदई कभऊ भी।

कौसल्या : करत का रेहेत है बीहड़ में?

ठकुराइन : बहुत कछु चाने पड़त है, काँच, कीले, गन्धक, बारूद और कौन जाने का-का, गीला करो, बाँधो, सुखाओ,

बिजली की चिंगारी लगाओ, हर कोई नहीं लगा सके ये तार-मार। बम।

कौसल्या सुमन : बम!

कौसल्या : कल्ली कर पा है इतनो सब?

ठकुराइन : आधो कछु तो हो चलो है, अब बो आये तो कछु पता चले।

कौसल्या : और कहूँ बा पकड़ी गयी तो?

ठकुराइन : ठाकुर पाँच सौ एकड़ ऐसे ही नहीं छोड़ गये। इते गड्डियाँ मैको उते जेल से बाहर। न सही दो-चार एकड़ कल्ली के लाने।

सुमन : और बा साली चम्बल की रानी जेल से कब निकल है?

बिरह कमंडल कर लिए
बैरागी दो नैन
माँगे दरस मधुकरी
छके रहे दिन रैन
आन दो, हमे तो बस ओई को इन्तजार है

ठकुराइन : आ है, कौन्ऊ भी दिना, उसके बाहर आते ही लिपट जाहैं ओसे बम लेकर।

कौसल्या : तुम, तुम काहे?, ये तो कोई और भी कर सकत है।

ठकुराइन : ठाकुर के फूल तरपन की राह देख रहे हैं, और राह दिखा हैं तो हम ही। बस बा चुड़ैल निकल आये।

दमयन्ती : ये कल्ली कौन है लज्जो? अब ये मत कहना हमें नहीं पता।

लज्जो : हल्दी ठाकुर की विधवा है, सबसे पहले गोली उन्हीं को लगी,बे मल्लाहों की गैंग देखके बन्दूक़ उठाबे भागे और ...नहीं तो बेंजा हट्टे-कट्टे थे।

पारबती : कल्ली खुद है ऊँची-पूरी ठेठ लट्ठमार, हम थे ओ दिन,

पाँच-पाँच औरतों के पकड़े न रुकी, मानो शमशान तक न छोड़ी खसम की लाश।

दमयन्ती : बा इते काहे नहीं जिज्जी?

पारबती : बौरा गयी है, भटकत रेहेत है बीहड़ में, ये ठकुराइन देखत है खाना खर्चा उसका।

दमयन्ती : बीहड़ में काहे भटकत रेहेत है?

लज्जो : बा न बनाहे हमाए तुमाए जैसे ये अगरबत्ती-मत्ती।

दमयन्ती : तो का उते लड्डू बना रही है?

लज्जो : लड्डू तो नहीं, पर कछु तो है जो बना रही है जिसका इन्तजार ठकुराइन को है।

पारबती : सुनी फूलन का बी बड़ा नाम हो गया, यादवन-मुसलमानन पार्टी के नेता जेल में मिलने जात हैं उससे।

दमयन्ती : टिकट देंगे का चुनाव की?

पारबती : ये तो तभई पता चलेगा, जब बा बाहर आयेगी।

लज्जो : हम देखत हैं, कल्ली जिज्जी आयी है।

ठकुराइन : ठहर, अन्दर चल के बात करत हैं।

लज्जो : बा तोरे पास काहे आ ही थी?

दमयन्ती : हम का जाने?

लज्जो : साँप सूँघ गओ न कल्ली को देखके।

दमयन्ती : ठकुराइन है पक्की ठकुराइन।

पारबती : तुम तो जात-कुजात नहीं मानतीं, फिर कैसे जान गयीं?

दमयन्ती : अब तो पुराने हो गये हैं, जरा-जरा समझन लगे हैं। पर कछु ठीक नहीं लग रहो।

पारबती : का?

दमयन्ती : इरादे।

लज्जो : रुको हम कोशिश करत है, कछु सुनाई दे जायें।

(कौसल्या-सुमन का प्रवेश)

लज्जो : वो हमाए कान में मैल चलो गाओ थो, ये अगरबत्ती का मसाला उड़-उड़ के बैठ जात है न कान में, काहे दमयन्ती?

सुमन : मसाला नहीं, तुम गलत जगह बैठ गयी थीं। आओ तुम्हें तुमाई सही जगह बैठा दें।

पारबती : सुमन! तुम का हमें अपने से अलग समझत हो, का हम तुमाए साथ के नई हैं?

कौसल्या : तुम तो किसन के साथ हो न पारबती।

पारबती : सो तो सभी को वहीं होने चाहिए कौसल्या।

सुमन : धर्म-अधर्म तो तुमाए लिए अब जा तय करत है।

दमयन्ती : करत हैं पर अपने लाने।

कल्ली : अपने लाने तो सभी जीयत हैं।

सुमन : भुगत।

कल्ली : दमयन्ती। जेई नाम है न तोरो। रहली से हो। सुनी बब्बा दवा-दारू बेचत थे। अब ठाकुरों में रहती, तो कछु जानती न। ज़्यादा झाँकने-ताकने की जरूरत न थी। हमसे ही पूछ लेती। तुम लोग तो हमें अच्छे से जानत हो, बहुरानी नई है भले न जाने

दमयन्ती : कल्ली हो न।

कल्ली : काहे, लज्जो ने कछु नहीं बताओ। काहे लज्जो?

लज्जो : नहीं जिज्जी...

कल्ली : जे बोल तो रही है, हाँ हम ही हैं कल्ली, हल्दी ठाकुर की विधवा, ठिकाना चम्बल, मकाम ग्वालियर और काम, काम तो पतो चलही गओ हुई।

दमयन्ती : हम तो बस जे पूछ रहे थे कि आप इते काहे नहीं?

कल्ली : सवाल, सवाल बहुत करती हो।

दमयन्ती : नये हैं न, ब्याह का महावर छूटा नहीं तलवो से, क्यों सुमन जिज्जी।

कल्ली : और यहाँ छाले, तुम जानत का हो और जानने की जरूरत का है, ये मुँह खाने और भजन के लाने बस खुलना चाहिए,कान में इके अलावा कोई और बात घुसी तो सुनबे लायक न बचो बहुरानी। सुन उ साली चम्बल की रानी के लाने चम्बल से ही कछु लाने वाले हैं, अब उके जेल से छूटने पे हमारी तरफ़ से भी तो कछु भेंट होने चाहिए के न बहुरानी।

ठकुराइन : कल्ली।

कल्ली : ठकुराइन तू चिन्ता न कर। और इकी तो बिल्कुल ही नहीं।

दमयन्ती : हाँ पर तुम चिन्ता करो कल्ली, तुम्हारा बखत हो गया है,पाँच बजने वाले हैं, कोई न कोई सरकारी आदमी अगरबत्ती के पैकेट लेने आतही हुईए।

कल्ली : हमाई इतनी चिन्ता काहे?

दमयन्ती : भटक गयी हो, लौट आओ, हमाए पास एक साड़ी है हल्दी ठाकुर कि विधवा के लाने।

कल्ली : उस चुड़ैल के कफन के लाने सँभाल के रख, अब इतनी मदद तो कर ही सकत हो हमाई। बाकी का काम हम खुद ही कर लेंगे। बची रेहो तो सब दिखाई-सुनाई देत रेहे बहुरानी। बाकी की मुँह दिखाई वो अगली बार करहें तुमाई।

(ठकुराइन उसे पोटली देती हैं)

प्रस्थान

तनाव

टकराव

अन्धकार

दृश्य छह

दमयन्ती : पारबती जिज्जी ये लज्जो पुटरिया भर के गुलाल रखे हैं।

पारबती : काहे लज्जो?

लज्जो : नई जिज्जी।

दमयन्ती : हाँ जिज्जी।

पारबती : अरे हमही तो मँगाए है, अब लगी बहुरानी-सी।

दमयन्ती : तुमने कराओ ये सब, वैसी तो केहेत है खसम खा गयी, अब कुलटा बनाना चाह रही का? ठकुराइन आ जा है।

लज्जो : देख आये है, कौसल्या के इते अनाज नपवा रई, होलियन के लाने, आने वाली नई हैं।

दमयन्ती : सुमन तो इतेइ है, अबइ महाभारत शुरू हो जा है।

लज्जो : अरे उकी हुड़दंगाई तुम का जानो, उको बस गुलाल सूँघने की देर है, फिर देखने कैसे भगी-भगी फिरै उसी सुमन से,देखने। पारबती जिज्जी।

पारबती : सुमन...सुमन।

सुमन : हाँ पारबती जिज्जी।
लज्जो : होली है।
सुमन : कुत्तिया!
सुरजन : साली बाँझ।
सुमन : सुरजन ठाकुर होली का भड़वा है।

कोरस : **होली है**
होरी है होरी है
होरी है रे रसिया
होरी है बरजोरी है
होरी है रे रसिया
आज बिरज में होरी रे रसिया(2)
उड़त गुलाल लाल भये बदरा(2)
लाल भये बदरा(4)
हाँ प्यारे रसिया, ओ वारे रसिया
हाँ हाँ रे रसिया, ओ वारे रसिया
रंग हो हो हो हो हो हो...गुलाल होरी (2)
केसर रंग में होरी रे रसिया
केसर रंग में घोरी रे रसिया...
होरी है होरी है
होरी है रे रसिया...

लज्जो : सुमन किबाड़ लगा दो, ठकुराइन आ जा है।
सुमन : हओ, हाय दईया!

बरजोरी नै करो, घर जाने दो सवरिया
सास ननद दें है गारी...(2)
झटपट गयी मैं पनिया भरन खों(2)
मारी कंकड़िया...आहाँ
मारी कंकड़िया

मारी कंकड़िया फोड़ दयी सारी मटकिया
सास ननद दें हैं गारी..
बरजोरी नै करो...

ठकुराइन : सुमन! और तैं न ठीक से सुहागन हो पाई न ढंगई से विधवा।

सुमन : इसमें कौनऊ की गलती नहीं है।

ठकुराइन : सुमन! तू का कर रही विधवाओं की होली देख रही राँड।

सुमन : जान दे ठकुराइन इमे कौनऊ की गलती नहीं है हम नहीं रोक पाये खुद को।

ठकुराइन : सुमन ! ये कौन की भाषा बोलन लगी, आज कह रही ई की गलती नहीं है, कल को केहो ओ चुड़ैल की गलती नहीं है।

दमयन्ती : तो का गलत है इमे।

कौसल्या : चुप रह तैं जानत का है इ गाँव के बारे में। अब तक लाल है कुआँ मानसन के ख़ून से।

दमयन्ती : मानसन नहीं जिज्जी, सिर्फ़ आदमियों के ख़ून से।

कौसल्या : मतलब।

दमयन्ती : मरने वालों में कोई औरत या बच्चे ना थे।

कौसल्या : तो का, आदमी तो थे।

दमयन्ती : सब नहीं, बस कछु।

कौसल्या : हाँ तो बे कछु ही काए मारे गये।

दमयन्ती : येही तो हम तुमसे पूछ रहे के बस बेही काहे मारे गये।

कौसल्या : अच्छा तो तुम्हाओ मतलब वो सब पापी थे एइसे।

दमयन्ती : हो सकत है।

ठकुराइन : दमयन्ती।

कौसल्या : अरे तुम सब काहे चुप खड़ी हो पारबती लज्जो, अरे उमे हमाए, तुमाए हम सब के मरद थे।

पारबती : पापी नातेदार हो तो भी पापी ही होत है कौसल्या।

कौसल्या : हमाओ मरद और पापी, अरे आग लगे तेरी जुबान में,

हमाए सिवा आँख उठा कर नहीं देखा उसने कभी किसी को।

सुमन : बस करो कौसल्या।

कौसल्या : ओह! तो अब पूरी जुबान एइकी बोलन लगी तुम सब।

सुमन : इतना भरोसा ठीक नहीं है अपने मरद पे कौसल्या।

कौसल्या : अरे बंजर ज़मीन बारिश का जाने। न मरद का साथ मिला न औलाद का सुख। हमें हमाए मरद पे पूरा भरोसा है, और किसी राँड को हो चाहे ना हो।

पारबती : कौसल्या।

सुमन : अच्छा कौसल्या तुम्हारे उस कभी कहीं देखने वाले मरद ने शादी में एक तोड़ा दिया था तुम्हें, कहाँ है वो?

कौसल्या : हफ्ता भर नही हुआ था मेहरी ने चुरा लिया था।

सुमन : ये देख। अच्छी तरह से देख बोई आये न, हमें इ राँड को दे गओ थो, बोई तुमाओ कभउँ कहूँ न देखन बारो मरद, ले अच्छे से देख ले।

कौसल्या : राम नाम सत्य है।
पहले तन से बिछड़े
बिछड़े हम

टूटन,
अन्धकार

दृश्य सात

दमयन्ती : हमें ई कमरा से डर लगत है। दम घुटता है। जी करात है पेटी में घुस जायें।

कोरस : पेटी से तनक बाहरे निकल आती बहुरानी।

दमयन्ती : तुम औरे भी चलो ना हमारे साथ।

सोहन : दिन भर पेटी में काए घुसी रेहत हो?

सोहन : ले जे भौजी ने भिजवाई है।

हाथ पकड़कर भीतर ले गये धुतिया मैकि आँगन में
गोड़े बिदय लाये जघन में

सोहन : शान्त।

जोबन बेर बेर से
मस्के से हो गये सवा सेर से

ढुके बीच में पड़े
कौन कदौन ले लॉन करोटा
सारी सोला हाँथ राजा लपेटा में बींद गये
फिर कके मिलियो आर आये न मजा पहेली बेर में

धाक
अन्धकार

दृश्य आठ

सुमन : कल्ली का भओ, अरे ठकुराइन को बुला जा।

ठकुराइन : कल्ली का भाओ, तुमे जा इतनी चोट कहाँ से लग गयी? तोरे कपड़ा भी फट गये। का हुआ?

कल्ली : बा जेल से निकर आयी है, रैली निकालबे बारी है, तू मेरी चिन्ता छोड़।

ठकुराइन : कैसे न करें तोरी चिन्ता, इतना ख़ून बेहरा है, कपड़ा भी फट गये, अरे हुआ का?

कल्ली : तार लागावे बालो पकड़ा गओ। पर चिन्ता ना कर मजबूत जिगर का आदमी है, टूटे न। तू मेरी चिन्ता छोड़।

ठकुराइन : अरे कैसे न करें तोरी चिन्ता, इतना ख़ून बेहरा है, कछु मरहम-पट्टी तो करने पड़ है और यहाँ तो कछु भी नैया।

दमयन्ती : हम हैं न वैद की बेटी, इसे अन्दर ले चलो।

(ठकुराइन अकेले सब चले जाते हैं)

दमयन्ती : बा ठीक है, पट्टी कर दी है।

ठकुराइन : बखत आ गया है कौसल्या चलेगी?

कौसल्या : कहाँ?

ठकुराइन : बा चुड़ैल जेल से निकल आयी है।

कौसल्या : हम। न जेहें।

ठकुराइन : सुमन तू तो फड़वे बारी थी न, चल!
ठीक है, तुमें अपने पतियों पे भरोसा नहीं तो न सही पर हमें अब भी है, मैं अकेली जाहूँ ऊ ख़ून की प्यासी चुड़ैल को सबक सिखाबे।

सुमन : ओ से ज़्यादा ख़ून की प्यास तो हमें तुमाई आखँन में दिख रही है ठकुराइन।

ठकुराइन : हमाए टुकड़न पे पलबे बारी है तें। न जा ओ के लाने हम ही बहुत हैं। अरे का नहीं करो लाला ठाकुर तुम लोगन के लाने पंचायत लगाई, तुमाए हर उल्टे काम सँभाले और तुम सब ई छिनाल की भासा बोलन लगी। हम न मरन दे हैं ठकरास। लाला ठाकुर तो बूढ़ों थो फिर ओको काए मारो। बता कौसल्या, तें बता पण्डिताइन, लज्जो, सुमन। तें बता काए मारो बाने लाला ठाकुर को?

दमयन्ती : नन्ही बाई।

नन्ही बाई : जी बहुरानी।

दमयन्ती : काए मारो बाने लाला ठाकुर को?

नन्ही बाई : हमें कछु नई पता बहुरानी।

दमयन्ती : डरो नहीं आज न डरो हम सब तुमाए साथ हैं बोलो।

नन्ही बाई : उनके बोले बगैर सात गाँव में कछु नहीं होए बहुरानी, उतई हुक्का पियत देखत रहे ओ दिना जो कछु भओ।

दमयन्ती : का भओ थो?

नन्ही बाई : अत्याचार, बहुतई अत्याचार।

ठकुराइन : साली नीच का होत है अत्याचार, तेने देखे कभी अत्याचार, तोपे भए कभी अत्याचार।
(उसे पीटती है सब छुड़ाते हैं)

सुमन : का हुआ, हल्की हो जा ठकरान कछु नइया।

कौसल्या : शान्त हो जा कछु नहीं है। बोल दे।

ठकुराइन : छोटे से हते ब्याह-सादी वाला घर। दूर का मामा। अनाज की कोठरी, कोठरी बन्द, मुँह बन्द, चीख बन्द आँखें बस आँखें याद हैं।

दमयन्ती : दुःख होत है?

ठकुराइन : गुस्सा आत है जी करत है के...

दमयन्ती : के खड़ा करके गोली मार दूँ...

ठकुराइन : हाँ, खड़ा करके गोली मार दूँ पापियों को।

कल्ली : ठकुराइन, हमाए हिस्से का मसाला दे दो अगरबत्ती बनानी है। हल्दी ठाकुर की विधवा आयी है।

(ठाक)

मैं फूलन देवी बीहड़ से बची, दिल्ली में मारी गयी।

समाप्त